Aa

	am	a
a	another	a
all	away	a
an	a	a
and	a	a
are	a	April
as	a	August
at	a	A
about	a	A
after	a	A
again	a	A

a b c d e f g h i j k l m n o p q r s t u v w x y z

A B C D E F G H I J K L M N O P Q R S T U V W X Y Z

_a_	_a_	_a_
_a_	_a_	_a_
_a_	_a_	_a_
_a_	_a_	_a_
_a_	_a_	_a_
_a_	_a_	_a_
_a_	_a_	A
_a_	_a_	A
_a_	_a_	A
_a_	_a_	A
_a_	_a_	A

a b c d e f g h i j k l m n o p q r s t u v w x y z

A B C D E F G H I J K L M N O P Q R S T U V W X Y Z

Bb

	by	b
back	b	b
big	b	b
but	b	b
be	b	b
because	b	b
bed	b	B
been	b	B
black	b	B
blue	b	B
boy	b	B

a **b** c d e f g h i j k l m n o p q r s t u v w x y z

A **B** C D E F G H I J K L M N O P Q R S T U V W X Y Z

b _____	b _____	b _____
b _____	b _____	b _____
b _____	b _____	b _____
b _____	b _____	b _____
b _____	b _____	b _____
b _____	b _____	b _____
b _____	b _____	B _____
b _____	b _____	B _____
b _____	b _____	B _____
b _____	b _____	B _____
b _____	b _____	B _____

a **b** c d e f g h i j k l m n o p q r s t u v w x y z

A **B** C D E F G H I J K L M N O P Q R S T U V W X Y Z

Cc

	c	c
can	c	c
children	c	c
come	c	c
call	c	c
called	c	c
came	c	C
can	c	C
can't	c	C
cat	c	C
could	c	C

a b **c** d e f g h i j k l m n o p q r s t u v w x y z

A B **C** D E F G H I J K L M N O P Q R S T U V W X Y Z

c _____ c _____ c _____

c _____ c _____ c _____

c _____ c _____ c _____

c _____ c _____ c _____

c _____ c _____ c _____

c _____ c _____ c _____

c _____ c _____ C _____

c _____ c _____ C _____

c _____ c _____ C _____

c _____ c _____ C _____

c _____ c _____ C _____

a b c d e f g h i j k l m n o p q r s t u v w x y z

A B C D E F G H I J K L M N O P Q R S T U V W X Y Z

Dd

d	d
dad	d	d
day	d	d
down	d	d
did	d	d
do	d	d
don't	d	December
door	d	D
d	d	D
d	d	D
d	d	D

a b c **d** e f g h i j k l m n o p q r s t u v w x y z

A B C **D** E F G H I J K L M N O P Q R S T U V W X Y Z

d   d   d

d   d   d

d   d   d

d   d   d

d   d   d

d   d   d

d   d   D

d   d   D

d   d   D

d   d   D

d   d   D

a b c **d** e f g h i j k l m n o p q r s t u v w x y z

A B C **D** E F G H I J K L M N O P Q R S T U V W X Y Z

Ee

e	e
eight	e	e
eighteen	e	e
eleven	e	e
e	e	e
e	e	e
e	e	E
e	e	E
e	e	E
e	e	E
e	e	E

a b c d **e** f g h i j k l m n o p q r s t u v w x y z

A B C D **E** F G H I J K L M N O P Q R S T U V W X Y Z

Ff

	f	f
for	f	f
from	f	f
fifteen	f	f
first	f	f
five	f	f
four	f	February
fourteen	f	Friday
f	f	F
f	f	F
f	f	F

a b c d e **f** g h i j k l m n o p q r s t u v w x y z

A B C D E **F** G H I J K L M N O P Q R S T U V W X Y Z

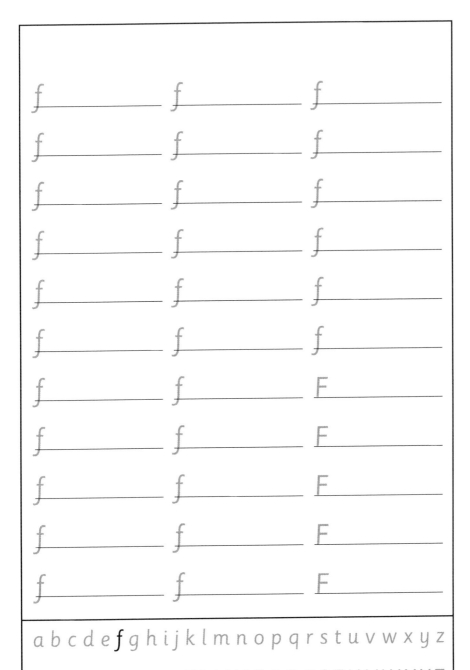

abcde**f**ghijklmnopqrstuvwxyz

ABCDE**F**GHIJKLMNOPQRSTUVWXYZ

Gg

g   g

get   g   g

go   g   g

got   g   g

girl   g   g

going   g   g

good   g   G

green   g   G

g   g   G

g   g   G

g   g   G

a b c d e f **g** h i j k l m n o p q r s t u v w x y z

A B C D E F **G** H I J K L M N O P Q R S T U V W X Y Z

g   g   g

g   g   g

g   g   g

g   g   g

g   g   g

g   g   g

g   g   G

g   g   G

g   g   G

g   g   G

g   g   G

a b c d e f **g** h i j k l m n o p q r s t u v w x y z

A B C D E F **G** H I J K L M N O P Q R S T U V W X Y Z

Hh

had	house	h
	how	h
have	h	h
he	h	h
help	h	h
her	h	h
here	h	H
him	h	H
has	h	H
his	h	H
home	h	H

a b c d e f g **h** i j k l m n o p q r s t u v w x y z

A B C D E F G **H** I J K L M N O P Q R S T U V W X Y Z

h	h	h
h	h	h
h	h	h
h	h	h
h	h	h
h	h	h
h	h	H
h	h	H
h	h	H
h	h	H
h	h	H

a b c d e f g **h** i j k l m n o p q r s t u v w x y z

A B C D E F G **H** I J K L M N O P Q R S T U V W X Y Z

Ii

	i	i
in	i	i
is	i	i
it	i	i
if	i	i
into	i	i
it's	i	I
i	i	I'm
i	i	I
i	i	I
i	i	I

a b c d e f g h **i** j k l m n o p q r s t u v w x y z

A B C D E F G H **I** J K L M N O P Q R S T U V W X Y Z

Jj

j   j

just   j   j

jumped   j   j

j   j   j

j   j   j

j   j   j

j   j   January

j   j   July

j   j   June

j   j   J

j   j   J

a b c d e f g h i j k l m n o p q r s t u v w x y z

A B C D E F G H I J K L M N O P Q R S T U V W X Y Z

Kk

k _____ k _____

k _____ k _____ k _____

k _____ k _____ k _____

k _____ k _____ k _____

k _____ k _____ k _____

k _____ k _____ k _____

k _____ k _____ K _____

k _____ k _____ K _____

k _____ k _____ K _____

k _____ k _____ K _____

k _____ k _____ K _____

a b c d e f g h i j **k** l m n o p q r s t u v w x y z

A B C D E F G H I J **K** L M N O P Q R S T U V W X Y Z

Ll

like

little

look

last

laughed

live

lived

looked

l   l   l

l   l   l

l   l   l

l   l   l

l   l   l

l   l   l

l   l   L

l   l   L

l   l   L

l   l   L

l   l   L

a b c d e f g h i j k **l** m n o p q r s t u v w x y z

A B C D E F G H I J K **L** M N O P Q R S T U V W X Y Z

Mm

	must	m
me	m	m
mum	m	m
my	m	m
made	m	m
make	m	m
man	m	Mr
many	m	Mrs
may	m	March
more	m	May
much	m	Monday

a b c d e f g h i j k l **m** n o p q r s t u v w x y z

A B C D E F G H I J K L **M** N O P Q R S T U V W X Y Z

m _____ m _____ m _____

m _____ m _____ m _____

m _____ m _____ m _____

m _____ m _____ m _____

m _____ m _____ m _____

m _____ m _____ m _____

m _____ m _____ M _____

m _____ m _____ M _____

m _____ m _____ M _____

m _____ m _____ M _____

m _____ m _____ M _____

a b c d e f g h i j k l **m** n o p q r s t u v w x y z

A B C D E F G H I J K L **M** N O P Q R S T U V W X Y Z

Nn

n _____ n _____

no _____ n _____ n _____

not _____ n _____ n _____

now _____ n _____ n _____

new _____ n _____ n _____

next _____ n _____ n _____

night _____ n _____ November

nine _____ n _____ N _____

nineteen _____ n _____ N _____

n _____ n _____ N _____

n _____ n _____ N _____

a b c d e f g h i j k l m **n** o p q r s t u v w x y z

A B C D E F G H I J K L M **N** O P Q R S T U V W X Y Z

n	n	n
n	n	n
n	n	n
n	n	n
n	n	n
n	n	n
n	n	N
n	n	N
n	n	N
n	n	N
n	n	N

a b c d e f g h i j k l m **n** o p q r s t u v w x y z

A B C D E F G H I J K L M **N** O P Q R S T U V W X Y Z

Oo

	our	o
of	over	o
off	o	o
oh	o	o
on	o	o
one	o	o
out	o	October
old	o	O
once	o	O
or	o	O
orange	o	O

a b c d e f g h i j k l m n **o** p q r s t u v w x y z

A B C D E F G H I J K L M N **O** P Q R S T U V W X Y Z

o   o   o

o   o   o

o   o   o

o   o   o

o   o   o

o   o   o

o   o   O

o   o   O

o   o   O

o   o   O

o   o   O

a b c d e f g h i j k l m n **o** p q r s t u v w x y z

A B C D E F G H I J K L M N **O** P Q R S T U V W X Y Z

Pp

people	p	p
pink	p	p
pulled	p	p
purple	p	p
pushed	p	p
put	p	P
p	p	P
p	p	P
p	p	P
p	p	P

a b c d e f g h i j k l m n o **p** q r s t u v w x y z

A B C D E F G H I J K L M N O **P** Q R S T U V W X Y Z

p   p   p

p   p   p

p   p   p

p   p   p

p   p   p

p   p   p

p   p   P

p   p   P

p   p   P

p   p   P

p   p   P

a b c d e f g h i j k l m n o **p** q r s t u v w x y z

A B C D E F G H I J K L M N O **P** Q R S T U V W X Y Z

Qq

q _____ q _____
q _____ q _____ q _____
q _____ q _____ q _____
q _____ q _____ q _____
q _____ q _____ q _____
q _____ q _____ q _____
q _____ q _____ Q _____
q _____ q _____ Q _____
q _____ q _____ Q _____
q _____ q _____ Q _____
q _____ q _____ Q _____

a b c d e f g h i j k l m n o p **q** r s t u v w x y z

A B C D E F G H I J K L M N O P **Q** R S T U V W X Y Z

Rr

r	r
ran	r	r
red	r	r
r	r	r
r	r	r
r	r	r
r	r	R
r	r	R
r	r	R
r	r	R
r	r	R

a b c d e f g h i j k l m n o p q **r** s t u v w x y z

A B C D E F G H I J K L M N O P Q **R** S T U V W X Y Z

Ss

sixteen   s

said   s   s

see   s   s

she   s   s

so   s   s

some   s   s

saw   s   Saturday

school   s   September

seven   s   Sunday

seventeen   s   S

six   s   S

a b c d e f g h i j k l m n o p q r **s** t u v w x y z

A B C D E F G H I J K L M N O P Q R **S** T U V W X Y Z

S_____ S_____ S_____

S_____ S_____ S_____

S_____ S_____ S_____

S_____ S_____ S_____

S_____ S_____ S_____

S_____ S_____ S_____

S_____ S_____ S_____

S_____ S_____ S_____

S_____ S_____ S_____

S_____ S_____ S_____

S_____ S_____ S_____

a b c d e f g h i j k l m n o p q r **s** t u v w x y z

A B C D E F G H I J K L M N O P Q R **S** T U V W X Y Z

Tt

	than	two
the	that	t
them	their	t
then	these	t
there	thirteen	t
they	three	t
this	time	Thursday
to	took	Tuesday
too	tree	T
take	twelve	T
ten	twenty	T

a b c d e f g h i j k l m n o p q r s **t** u v w x y z

A B C D E F G H I J K L M N O P Q R S **T** U V W X Y Z

t	t	t
t	t	t
t	t	t
t	t	t
t	t	t
t	t	t
t	t	T
t	t	T
t	t	T
t	t	T
t	t	T

a b c d e f g h i j k l m n o p q r s **t** u v w x y z

A B C D E F G H I J K L M N O P Q R S **T** U V W X Y Z

Uu

	u	u
up	u	u
us	u	u
u	u	u
u	u	u
u	u	u
u	u	U
u	u	U
u	u	U
u	u	U
u	u	U

a b c d e f g h i j k l m n o p q r s t **u** v w x y z

A B C D E F G H I J K L M N O P Q R S T **U** V W X Y Z

Vv

very

V   V   V

V   V   V

V   V   V

V   V   V

V   V   V

V   V   V

V   V   V

V   V   V

V   V   V

V   V   V

a b c d e f g h i j k l m n o p q r s t u **v** w x y z

A B C D E F G H I J K L M N O P Q R S T U **V** W X Y Z

Ww

	way	w
was	where	w
we	white	w
went	who	w
were	would	w
what	w	w
when	w	Wednesday
will	w	W
with	w	W
want	w	W
water	w	W

a b c d e f g h i j k l m n o p q r s t u v **w** x y z

A B C D E F G H I J K L M N O P Q R S T U V **W** X Y Z

w _____ w _____ w _____

w _____ w _____ w _____

w _____ w _____ w _____

w _____ w _____ w _____

w _____ w _____ w _____

w _____ w _____ w _____

w _____ w _____ W _____

w _____ w _____ W _____

w _____ w _____ W _____

w _____ w _____ W _____

w _____ w _____ W _____

a b c d e f g h i j k l m n o p q r s t u v **w** x y z

A B C D E F G H I J K L M N O P Q R S T U V **W** X Y Z

Xx

X   X

X   X   X

X   X   X

X   X   X

X   X   X

Yy

y   y

yes   y   y

you   y   Y

yellow   y   Y

your   y   Y

a b c d e f g h i j k l m n o p q r s t u v w **x y** z

A B C D E F G H I J K L M N O P Q R S T U V W **X Y** Z

y   y   y

y   y   y

y   y   Y

y   y   Y

y   y   Y

Zz

z   z

z   z   z

z   z   Z

z   z   Z

z   z   Z

a b c d e f g h i j k l m n o p q r s t u v w x **y z**

A B C D E F G H I J K L M N O P Q R S T U V W X **Y Z**